RAPPORT

Présenté par M. DELIGNY, au nom de la 3e Commission (1), sur un projet comprenant : 1° la cession à l'État du sol du marché Saint-Martin pour la reconstruction de l'École centrale des Arts et Manufactures; 2° l'ouverture d'une rue de 12 mètres en prolongement de la rue Dupetit-Thouars, jusqu'à la rencontre des rues de Turenne, Charlot et Béranger; 3° la création d'un groupe scolaire en bordure de ladite rue; 4° la réinstallation du marché Saint-Martin sur partie du marché du Temple.

(Annexe au procès-verbal de la séance du 27 avril 1878.)

MESSIEURS,

Au moment où, sur le rapport présenté par M. Maublanc, au nom de la 3e Commission, vous alliez délibérer sur le projet de cession de l'emplacement du marché Saint-Martin à l'État, pour la reconstruction de l'École centrale des Arts et Manufactures, votre

---

(1) La 3e Commission (*Voirie de Paris*) est composée de MM. Engelhard, *Président;* Thorel, *Vice-Président;* Bonnard et Marsoulan, *Secrétaires;* Braleret, Cernesson, Delattre, Deligny, Dujarrier, Hamel, Hérisson, Rigaut, Songeon, Vauthier, Watel.

N° 26.

4° Z le Senne 1903

Commission, saisie de nouveaux renseignements, vous demanda une remise de l'affaire. Ces renseignements étaient relatifs à la situation particulière de l'École centrale, dont il importe d'assurer l'autonomie et de maintenir l'enseignement dans les principes qui ont présidé à sa fondation. L'application de ces principes, après avoir fait le succès de l'École, a donné à ses élèves les moyens de rendre à l'industrie des services universellement reconnus.

L'École centrale est un des plus beaux exemples de ce que peut l'initiative privée, personnelle et collective, soutenue en même temps par l'intelligence et par le dévouement appliqués à ce grand intérêt public, l'instruction.

L'École a été fondée en 1828 par MM. Lavallée, Dumas, Olivier et Péclet ; ces trois derniers, professeurs, auxquels s'adjoignirent, pour la tenue des cours, MM. Brongniart, agrégé de la Faculté de Médecine, Benoît, ingénieur civil, Bineau, ingénieur des mines, Gourlier, architecte, Guillemot, économiste, Leblanc, dessinateur. Le Conseil de patronage et de perfectionnement comptait : MM. Chaptal, Arago, Berthier, d'Arcet, Héricart de Thury, Héron de Villefosse, Jomard, Poisson, Thénard, Molard aîné, tous membres de l'Institut ; Laffitte, député, Odier, député, Payen, chimiste manufacturier, Casimir Périer, député, Ternaux député. De tous ces noms, beaucoup déjà étaient célèbres dans la science, dans l'industrie et dans la politique, beaucoup le sont devenus depuis.

Le prospectus de 1829 débutait par donner sous le titre de *Considérations générales sur le but de l'École,* un exposé qui est un modèle de bon sens et de saine appréciation des besoins de l'industrie nationale, et du système d'instruction le plus propre à former les hommes qui doivent les satisfaire. Cet exposé est reproduit comme annexe à la suite de ce rapport ; insistons sur quelques uns de ses points principaux.

L'École est faite pour les hommes destinés par leur état à faire une application journalière des conceptions scientifiques. Les sciences sont pour eux des instruments qui doivent devenir d'une application facile et sûre.

L'expérience a démontré que les théories trop élevées sont rarement utiles dans les applications, et que, dans les rares cas où elles le deviennent, leur simple énoncé suffit.

L'École doit former surtout des directeurs d'usines, des chefs de manufactures, des ingénieurs civils, des constructeurs.

La science industrielle est une, et tout industriel doit la connaître, sous peine d'être inférieur au concurrent mieux armé.

Les cours doivent donc présenter un ensemble coordonné de connaissances et de développements spéciaux.

Dans cet exposé, dans le plan d'organisation, dans le programme des cours, on retrouve cette préoccupation de poursuivre spécialement, non l'étude des théories scientifiques, mais l'application à l'industrie des théories fondées.

C'était là un programme d'instruction essentiellement libéral; aussi n'est-on pas étonné de trouver dans le premier prospectus qui suit la révolution de juillet 1830, la mention suivante : « l'École, dès sa naissance, a sympathisé avec toutes les idées nationales, et elle a pris sa part dans le mouvement qui vient d'en assurer la victoire. Les fondateurs ont vu avec joie leurs élèves rivaliser de courage avec ceux de l'École polytechnique, et ils n'ont pas entendu sans émotion le titre de « brave École centrale », décerné par Lafayette, aux nombreux élèves dont il accepta les services au moment du danger. »

En 1848, l'École donne une nouvelle preuve de son dévouement en

se mettant tout entière à la disposition du Gouvernement républi-
cain, et en contribuant au bon ordre dans les travaux, jusqu'au
moment où un esprit aveugle de réaction, en dissolvant prématuré-
ment les ateliers nationaux, provoqua l'insurrection de juin, qui ne
fut qu'une émeute de la faim.

Enfin, en 1870, on retrouve encore l'École partout à la disposition
de la défense nationale.

Cet esprit libéral et patriotique est le résultat naturel de l'instruction scientifique et pratique qui porte invinciblement les esprits à
cette conséquence : que la justice et la liberté sont les premiers
éléments des bonnes affaires.

L'École a versé dans l'industrie, depuis sa fondation, jusqu'en
1877, 3,898 ingénieurs civils, dont 800 sont nés à Paris et dont 1,125
exercent à Paris et dans le département de la Seine.

L'affluence de cette phalange d'hommes instruits et libéraux, aussi
bien dans les ateliers que dans les comptoirs des industriels, a con-
tribué pour une part décisive à cette pondération des idées qui a fait
succéder à l'état aigu de 1848, une situation infiniment plus calme,
une disposition de tous, ouvriers et industriels, à la discussion
pacifique des intérêts, remplaçant les mouvements violents
d'autrefois.

Ainsi, les services techniques constatés par les nombreux emplois
remplis, les services politiques et sociaux manifestés par le progrès
des idées, se réunissent pour appeler la faveur publique et l'intérêt
du Conseil municipal de Paris sur cette École, qui, après avoir été
fondée par l'initiative privée, est devenue nationale par le désintéres-
sement spontané de son principal fondateur, M. Lavallée.

Il est toujours utile et sain de rendre justice publiquement à un
bon citoyen ; qu'il soit permis au Rapporteur de remplir cette tâche
devant le Conseil.

M. Lavallée a été l'organisateur et l'âme de l'École. Pendant que ses collègues perfectionnaient dans leurs chaires l'enseignement des applications scientifiques, il maintenait les vues d'ensemble, et, par son autorité ferme et douce, empêchait chacun de s'écarter de la direction qui devait mener au but commun. Il conservait l'harmonie dans les cours et même aussi l'harmonie entre savants.

Dans la seconde année, l'École était devenue sa propriété exclusive, en ce sens que, pendant la période du début, il garde seul la responsabilité des pertes financières, ne demandant à ses collaborateurs que le sacrifice éventuel de leur temps.

Pendant 28 ans, il conserve le soin de cette administration, et s'y dévoue tout entier; sa sollicitude ne se limitait pas à l'enceinte de l'École, il suivait dans leur carrière ses anciens élèves et les aidait de son influence et souvent de sa bourse.

En 1857, l'École avait reçu depuis son origine 3,312 élèves et formé 1,187 ingénieurs civils. L'établissement, arrivé au comble de l'estime publique et de la prospérité, rapportait 90,000 fr. par an à son fondateur et propriétaire; mais M. Lavallée voyait venir le moment où l'âge lui imposerait la retraite et le repos ; il voulut assurer l'avenir de son œuvre, et, d'accord avec ses enfants, il offrit à l'État l'abandon gratuit de cet établissement, y compris le matériel, les collections et installations diverses. Il y ajouta une somme de 40,000 fr. destinée à parfaire, en cas de besoin, les pensions d'anciens professeurs, payées par la caisse de l'École.

A cette cession, M. Lavallée ne mit qu'une condition, qui fut acceptée, c'est que l'École continuerait à être administrée et dirigée, comme par le passé, par le conseil des professeurs, en ajoutant le concours d'un conseil de perfectionnement recruté parmi les anciens professeurs, membres du conseil, et les anciens élèves. Le fondateur voulait ainsi maintenir les traditions et les principes qui avaient assuré le succès, et empêché que l'envahissement de la science officielle ne vint faire perdre de vue le but à atteindre, celui de former des industriels pratiques.

Au moment de sanctionner par la loi ces conditions, des difficultés de forme furent opposées. La loi du 19 juin 1857 se borne à reconnaître l'autonomie financière de l'École, en stipulant que ses produits ne se confondront pas avec les recettes du Trésor, et seront spécialement affectés aux dépenses de l'établissement.

M. Lavallée demeurait provisoirement directeur; les conditions relatives à l'administration et au programme d'instruction furent tacitement accomplies; elles ne furent confirmées que cinq ans plus tard, par l'arrêté ministériel du 24 mai 1862, portant règlement de l'École.

Cet arrêté contient des dispositions qui consacrent l'autonomie d'une manière explicite.

L'École est placée dans les attributions du Ministre de l'Agriculture et du Commerce. Elle demeure spécialement destinée à former des ingénieurs pour toutes les branches de l'industrie et pour les travaux et services publics dont la direction n'appartient pas nécessairement aux ingénieurs de l'État.

Le directeur est nommé par décret, sur proposition du Ministre. Il est choisi parmi les personnes qui ont fait à une époque quelconque partie du conseil de perfectionnement de l'École.

Le conseil de perfectionnement est d'ailleurs composé du conseil de l'École, formé des professeurs des sciences industrielles auxquels sont adjoints neuf anciens membres et anciens élèves diplômés.

Le directeur et le sous-directeur des études sont choisis parmi les anciens élèves diplômés.

Les professeurs de sciences industrielles et de sciences générales ne sont nommés que sur la présentation du conseil de perfectionnement.

Après 1862, sous la direction de M. Perdonnet et sous celle de M. Petiet, l'application de ce règlement a maintenu les traditions de l'École.

Depuis la mort de M. Petiet, en 1871, l'École est administrée avec beaucoup de zèle et de dévouement, par son directeur, M. Solignac. La situation financière de l'établissement continue à être prospère; le bon ordre règne dans les études; mais les anciens élèves et les chefs d'industrie qui s'intéressent à la marche de l'École, se préoccupent vivement de la tendance qui s'est manifestée à trop absorber le temps des élèves par les développements d'études et de théories scientifiques, aux dépens des études d'application. Que serait-ce, si un règlement, qu'un arrêté ministériel peut à chaque instant faire surgir en remplacement du règlement actuel, venait supprimer les garanties que contient l'arrêté de 1832!

Ces préoccupations ont été transmises à la 3ᵉ Commission; il est nécessaire d'assurer aux anciens élèves l'influence que leur réserve le règlement dans le conseil de perfectionnement, pour garantir aux études leur caractère industriel.

Le concours que la Ville apportera dans l'établissement de l'École, dans un local définitif, a paru présenter une occasion favorable de faire sanctionner, dans un acte public irrévocable, les garanties données par l'arrêté de 1862.

La présence au ministère de l'Agriculture et du Commerce, de M. Teisserenc de Bort, fait espérer d'ailleurs un bon accueil à la demande qui lui serait faite de consacrer définitivement l'autonomie de l'École, en ce qui concerne son administration scientifique et scolaire, comme elle l'est par la loi, pour son administration financière.

C'est dans ce but que votre Commission, convaincue de la nécessité de soustraire l'enseignement de l'École à toute influence qui pourrait en dénaturer le caractère, vous propose de viser dans votre délibération l'arrêté réglementaire de 1862, et de subordonner à son maintien l'abandon que fera la Ville d'une partie du prix des terrains qu'elle cédera à l'État, pour l'édification de l'École centrale. Cette édification est devenue urgente pour deux raisons capitales: la première est l'insuffisance du local actuel et de ses annexes provisoires, en présence de l'augmentation considérable du nombre d'élèves, et réclamée par les besoins croissants de l'industrie ; la seconde est l'expiration, fin 1884, du bail de l'immeuble actuellement occupé.

Il n'est pas difficile, d'ailleurs, de reconnaître qu'un nouveau bail ne dispenserait pas d'une refonte complète de l'établissement, incompatible avec la continuité des études. Il y a une impérieuse nécessité de rester dans ce qui est, pendant qu'un nouveau local se préparera.

Il a donc fallu trouver pour l'École un autre emplacement, situé autant que possible dans le voisinage le plus immédiat du lieu de sa fondation. Depuis plus de 48 ans que l'École existe, il s'est créé autour d'elle beaucoup d'intérêts qui seraient sacrifiés si elle était transportée au loin. Ses élèves eux-mêmes en souffriraient sérieusement. L'École n'a pas d'internes, et cependant le travail y demande une telle assiduité, qu'il faut à la vie privée des élèves une certaine organisation qui s'est faite à la longue dans le quartier et qu'ils ne retrouveraient pas ailleurs. Cette organisation est complète, tant au point de vue des études, par suite des nombreux répétiteurs que les élèves trouvent dans les établissements préparatoires qui leur sont ouverts, qu'au point de vue moins spécial de la vie matérielle.

L'emplacement qui a paru le plus favorable est celui qu'occupe actuellement le marché Saint-Martin. Cet emplacement, d'une surface de 6,300 m., entouré par quatre voies publiques, permettra, d'ailleurs, d'établir un édifice isolé et complet, pouvant largement satisfaire à tous les besoins. Il est contigu au Conservatoire des Arts et Métiers, dont les riches collections viendront compléter les moyens d'instruction de l'École elle-même. C'est en raison de la préférence donnée à ce terrain que M. le Ministre du Commerce en a demandé la cession par la Ville. L'École, au moyen de son fonds de réserve et d'un emprunt dès à présent souscrit par ses anciens élèves, pourvoit à la construction de l'édifice important dont les plans sont mis sous les yeux du Conseil.

L'école, après avoir servi de modèle comme organisation et comme programme à des établissements analogues, fondés par des nations voisines, leur est devenue inférieure comme installation matérielle. Elle reprendra dignement son rang avec l'édifice projeté. Le tableau comparatif annexé à ce rapport donne à ce sujet toute satisfaction.

Le chiffre d'élèves, actuellement réduit à 450 par l'exiguïté du local, pourra être porté d'abord à 600, et s'augmentera plus tard, si les besoins de l'industrie le réclament. C'est pour cette création que l'Ecole demande à la Ville et à l'Etat la concession du terrain nécessaire.

Dans les prévisions de l'Administration municipale, le marché Saint-Martin était destiné, tout au moins, à une transformation. Depuis l'ouverture des Halles centrales, ce marché est en grande partie abandonné par son ancienne clientèle, et plus des deux tiers de la surface qu'il occupe peuvent être affectés à d'autres services. Le projet de la Ville était de les réserver en partie pour l'édification d'un groupe scolaire devenu nécessaire et en partie pour une vente dont le produit aurait atténué la dépense de construction du groupe.

En présence du grand intérêt national et parisien qui s'attache à la construction d'un édifice définitif pour l'Ecole centrale, l'Administration, sur la demande du Ministre du Commerce, a recherché une combinaison qui puisse satisfaire à tous les intérêts. C'est celle qu'elle vous présente, d'accord avec votre 3e Commission.

3

Dans le voisinage du marché Saint-Martin existe le marché du Temple, dont le commerce spécial est très-loin d'occuper toute la superficie. On peut en désaffecter une partie et la transformer en un marché de comestibles équivalant au marché Saint-Martin, qui serait supprimé.

Quant au groupe scolaire projeté, il serait construit en bordure d'une rue nouvelle à ouvrir à l'angle Nord-Est du marché du Temple en prolongeant la rue Dupetit-Thouars jusqu'au carrefour des rues Turenne, Béranger et Charlot. Cette ouverture donnerait un dégagement très-utile sur le boulevard à tout le massif de maisons compris entre la rue du Temple et la rue Charlot et diminuerait l'encombrement du carrefour des rues Turbigo et du Temple à leur jonction sur la place du Château-d'Eau.

Nous examinerons successivement les différents résultats de l'opération.

Cession à l'État de l'emplacement du marché Saint-Martin.

La surface à céder à l'État est de 6,300 m. Dans les premiers pourparlers entre le Ministre et l'Administration municipale, il a été question d'un prix de 250 fr. le mètre. Ce prix a paru trop faible à votre 3ᵉ Commission ; il est notoirement inférieur au prix-courant des terrains semblables dans le quartier. S'il était consigné dans un acte public, il avilirait la valeur des propriétés que la Ville peut avoir à vendre dans le voisinage.

Votre 3ᵉ Commission est d'avis de porter la valeur du terrain du marché Saint-Martin à 400 fr. le mètre, soit ensemble.................................... 2,520,000. »

Le chiffre de la subvention en terrains donnée par la Ville serait fixé à........................... 1,020,000, »

L'État aurait à payer une soulte de............. 1,500,000. »

Translation du marché Saint-Martin au marché du Temple.

La suppression du marché du Temple nécessite sa translation dans les environs ; la solution la plus favorable est l'occupation et l'appropriation d'une partie non utilisée du marché du Temple.

Plusieurs observations ont été faites contre ce projet :

1° Le marché ne sera pas à la distance réglementaire de 800 m. d'un autre marché. Le plus rapproché est celui de la rue Popincourt, placé à 770 m. à vol d'oiseau ; mais, en suivant les détours des rues, la distance est beaucoup plus grande. En outre, le canal fait une distinction et une séparation bien marquée entre les deux quartiers ;

2° La translation proposée enlèvera à un centre très-populeux les avantages d'un marché alimentaire.

Cette objection perd beaucoup de sa force, lorsqu'on considère que la proximité des Halles centrales, placées à une faible distance qu'abrége encore la grande et directe rue Turbigo, a diminué depuis longtemps, et diminue chaque jour l'importance du marché Saint-Martin. D'ailleurs, il faut remarquer que, placé sur le terrain du Temple, il serait utile à un autre groupe de population et que, par la rue des Fontaines, il n'y a pas une grande distance entre les deux emplacements.

Marché des Enfants-Rouges.

Ce changement entrainera nécessairement la suppression du marché des Enfants-Rouges qui se trouve à côté, rue de Bretagne. Ce marché est mal placé ; il est établi dans une sorte de cour resserrée, ce qui est peu salubre ; de plus, il est peu fréquenté, car, sur 120 places, 34 seulement sont occupées. Ce marché est une propriété particulière, un restant affaibli du système de la féodalité et des priviléges détruits par la Révolution.

Nous croyons utile de transcrire quelques passages des lettres pa-
tentes de 1605, données par Louis XIII, à propos de ce marché, dans
le cas où un doute s'élèverait sur le droit à une indemnité que pourraient réclamer les propriétaires actuels du marché :

« Permission est donnée au sieur Jehan Duflos, commissaire or-
« dinaire des guerres, et au sieur Richard, seigneur de la Houssière,
« d'establir un marché aux marches du Temple sur une place con-
« tenant 363 toises ou environ, size au lieu appelé le Maraiz du
« Temple, et à présent la place de France.

« ..... Avons, de nos graces spéciales, pleine puissance et auto-
« rité royale, permis et accordé et octroyé..... par les présentes,
« signées de nostre main, aux sieurs Duflos et Richard de la Hous-
« sière qu'ils puissent et leur soit loisible de faire construire.....
« un marché avec bancs, étaux, boutiques, échoppes et autres choses
« nécessaires pour la commodité des marchands et sûreté de leurs
« marchandises et denrées, auquel marché pourront estre vendues
« et débitées toutes sortes de denrées, volailles, gibiers, vivres et
« marchandises à l'instar, ainsi qu'il est usé aux aultres marchés...
« voulant même qu'il y puisse *être vendu des veaux pour le four-*
« *nissement de la boucherie que nous avons permis estre établie au*
« *susdit quartier....* pour user, jouir et disposer par les sieurs
« Duflos et Richard de la Houssière, leurs héritiers, successeurs et
« ayant cause, à perpétuité, comme de leur propre héritage vray et
« loyal acquet, sans qu'ils puissent y être troublés en aucunes ma-
« nières et sous quelques prétextes que ce soit, ni qu'il soit loisible
« à austres personnes quelconque de faire édifier ni establir austre
« marché et places à vendre les choses dessus dictes au dit lieu et
« quartier du Temple, quelques pouvoirs et *permission qu'ils*
« *puissent obtenir de nous ou nos successeurs, lesquels nous avons*
« *dés à présent comme pour lors déclarés nulle et de nul effet....*
« à la charge pour reconnaissance de *payer trois écus d'or par*

« chacun an à la recette de notre domaine de Paris. Tel est notre
« bon plaisir. »

Le Conseil voit qu'il y a de notables différences entre l'exploita-
tion du marché privilégié de jadis, et l'industrie particulière qui
s'exerce aujourd'hui rue de Bretagne, sous le nom de Marché des
Enfants-Rouges. L'espace n'est plus le même, la forme est différente ;
c'était un marché en gros pour les veaux, on paya au Domaine de
la Ville une somme de 3 écus d'or, il ne peut y avoir aucune simili-
tude, aucun rapprochement entre ces deux marchés.

La Révolution a détruit tous ces petits privilèges avec les grands ;
la loi de 1790, art. 19, titre II, abolit « tous les droits de *hallages*
et ceux qui étaient perçus en nature ou en argent, à raison de l'ap-
port et du dépôt des grains, denrées ou comestibles. »

Cette suppression a été prononcée par la même loi, sans indica-
tion d'indemnités ; il a été seulement déclaré que les *bâtiments et
halles continueront à appartenir aux propriétaires qui pourront
les vendre ou louer aux communes.* Aujourd'hui, en vertu des lois
de frimaire an VII et du 18 juillet 1837, le produit de la location
des places dans les marchés appartient aux communes.

Le droit de la Ville est donc incontestable, et les héritiers ou
ayants droit des sieurs Duflos et Richard de la Houssière ne peuvent plus être considérés que comme le serait un particulier qui
exerce une industrie quelconque, et à qui il n'est dû aucune indemnité pour la concurrence qui peut lui être faite.

Cette opinion est aussi celle du Comité consultatif de la Ville.

On peut donc, sans crainte de procès ni d'opposition, ni d'indemnité à payer, transporter le marché Saint-Martin dans le quartier du Temple, et faire une concurrence à l'industrie qu'exercent
les héritiers des sieurs Duflos et de la Houssière, dans la rue de
Bretagne.

Mais, avant tout, pour réaliser son projet, la Ville avait à s'en-

4

tendre avec les concessionnaires du marché du Temple, MM. Ferrère et Cie, desquels il fallait obtenir la rétrocession d'une partie de l'emplacement nécessaire au nouveau marché alimentaire.

La société Ferrère, en vertu du traité en date du 20 janvier 1863, a été chargée de la reconstruction de l'ancien marché du Temple, conformément à des plans plus élégants et plus modernes, moyennant une concession de 50 ans et à la charge de payer à la Ville, un loyer de 200,000 fr. par an.

Ladite concession doit prendre fin en 1915.

Après plusieurs tentatives d'arrangement, on est arrivé à cette proposition : sur les 2,400 petites boutiques ou places qui forment la concession Ferrère, la Compagnie en céderait à la Ville 326, moyennant une diminution de loyer de 25,000 fr. sur les 200,000 qu'elle doit. C'est un peu plus du huitième rétrocédé, moyennant un huitième du prix dû à la Ville.

On transformerait les 326 petites boutiques cédées en 500 places de marché alimentaire. Cette transformation et les aménagements nécessaires entraîneraient une dépense de 90,000 fr.

Les 500 places seraient occupées, on peut le supposer déjà, par les 280 marchands du marché Saint-Martin et les 34 des Enfants-Rouges, ce qui formera déjà 314 locataires; la nouvelle position du marché, la certitude de trouver un approvisionnement varié et abondant, à cause du nombre des marchands, attirerait la clientèle qui, à son tour, provoquerait les locations; et bientôt, c'est à espérer, toutes les places seront occupées.

En conservant le tarif minimum du marché Saint-Martin, de 0 fr. 35 c. par place ordinaire, et de 1 fr. 50 c. pour les étaux de boucherie, l'Administration espère une recette annuelle de 63,875 fr.

En admettant 20,000 fr. de frais de perception et autres, on aurait encore une recette nette de 43,875 fr., supérieure de 23,875 fr. à la recette du marché Saint-Martin. Mais, comme on perd d'autre part un loyer de 25,000 fr. sur la concession Ferrère, le solde laisse un déficit insignifiant de 1,125 fr.

Prolongement de la rue Dupetit-Thouars.

Depuis bien longtemps, on demandait à la Ville une rue prolongeant la rue Dupetit-Thouars et donnant une issue à cette espèce d'impasse existant au bout des rues qui bordent le Temple. Il y avait là une communication importante à étudier.

En 1872, l'Administration projeta de faire aboutir cette rue en face de la rue de Normandie. Ce projet n'était pas heureux ni comme viabilité, ni comme dépense ; l'estimation des experts portait à 997,700 fr. le chiffre des quatre maisons à exproprier et les indemnités locatives, soit en chiffre rond un million.

On étudia alors le projet qui vous est présenté, l'expropriation de l'hôtel de Mme de Marcilly, rue Béranger no 3, et des parties des terrains cédés et loués aujourd'hui par cette dame. Cette estimation, pour 3,249 mètres de terrain, en y ajoutant les indemnités industrielles et locatives, s'élève à 1,550,000 fr. L'estimation faite en 1872 a été renouvelée et arrêtée à ce chiffre en 1875.

Comme viabilité, il y a un véritable avantage à ce nouveau plan ; la rue débouche directement au carrefour formé par les rues Béranger, Charlot et de Turenne, à 100 mètres du boulevard du Temple.

Après défalcation du terrain pris pour la voie publique, qui aura 12 mètres de large et de 70 à 80 mètres de longueur, il restera

encore disponible, à droite et à gauche, deux lots, l'un de
1,487 mètres et l'autre de 718 mètres de superficie.

D'après le projet d'ensemble qui vous est soumis, l'Administration mettrait le premier à la disposition de la Direction de
l'enseignement primaire pour y construire un groupe scolaire;
l'autre, de 718 mètres, serait vendu aux enchères publiques.

La vente de ce lot, en fixant le prix à 300 fr. le mètre, donnerait
une somme de 215,400 fr., ce qui réduirait le prix d'acquisition
à 1,334,600 fr.

Cette création d'un nouveau groupe scolaire est devenue une
nécessité.

École de la rue du Vert-Bois.

Depuis 1871, le Conseil a été saisi de plaintes nombreuses,
émanant des habitants du quartier et des conseillers de l'arron-
dissement, sur l'état déplorable, surtout au point de vue de la
salubrité, de l'école de la rue du Vert-Bois, et sur l'insuffisance
d'établissements scolaires dans ces quartiers populeux. Aussi, en
1872, l'Administration avait-elle étudié, comme nous l'avons
déjà vu, la possibilité de transporter cette école au carré Saint-
Martin.

L'emplacement des jardins de l'hôtel de Marcilly est tout aussi
convenable; elle offre tous les avantages désirables, et même
certains avantages de détail que la Commission croit devoir
signaler à l'Administration; les grands arbres du jardin qui
peuvent donner de l'ombrage, de la salubrité et servir à
l'embellissement des cours et préaux devraient être conservés;
aussi, elle vous propose d'inviter l'Administration à ne pas les
comprendre dans les matériaux à revendre et dans les objets à
détruire.

En résumé, l'opération présente :

En dépense, acquisitions.................... 1,550,000. »

Appropriation du marché du Temple.......... 90,000. »

1,640,000. »

En recette, revente de terrains................ 215,400. »

Contribution de l'État...................... 1,500,000. »

1,715,400. »

D'où un déficit de......................... 75,000. »
équivalant sensiblement à la dépense de viabilité de la rue nouvelle.

La subvention donnée par la Ville à l'École centrale, sous forme de terrains, restera fixée à ...... 1,020,000. »

Dans ces conditions, la dépense argent restant à la charge de la Ville est compensée par l'avantage que donne au quartier, au point de vue de la viabilité, l'ouverture de la rue Dupetit-Thouars sur le carrefour Charlot.

La Ville retrouve d'autre part pour un groupe scolaire le terrain qu'elle abandonne. Ce sera à la Commission compétente à vous apporter des résolutions à cet égard.

Dans les pourparlers qui ont eu lieu avec la direction de l'École, votre 3e Commission a demandé que des cours et conférences gratuits aient lieu le soir dans les amphithéâtres de l'École.

Voici à ce sujet la réponse du Directeur :

« D'après ses traditions, et dans son nouvel emplacement, ainsi
« qu'elle l'a toujours fait dans celui qu'elle occupe, jusqu'au moment
« où elle en a été empêchée par le manque d'espace, l'École se

5

« montrera empressée d'ouvrir le soir ses portes à l'enseignement
« public des adultes, en lui donnant sous le rapport des locaux, du
« personnel et du matériel des cours, comme elle en a bien long-
« temps usé avec l'Association polytechnique, dont elle formait une
« importante section, tous les avantages et toutes les facilités com-
« patibles avec les exigences de son service. »

Nous prenons acte de ces bonnes promesses, et les traduisons
dans la délibération suivante que nous avons l'honneur de vous
proposer.

Paris, le 27 avril 1878.

Le Rapporteur,

DELIGNY.

PROJET DE DÉLIBÉRATION.

LE CONSEIL,

Vu le mémoire en date du 23 janvier 1877, par lequel M. le Préfet de la Seine lui soumet diverses propositions concernant l'ouverture d'une rue entre la rue Dupetit-Thouars et le carrefour des rues de Turenne, Charlot et Béranger, la création d'un groupe scolaire sur partie du terrain en bordure de la rue nouvelle, le déplacement du marché Saint-Martin, et la translation de l'École centrale des Arts et Manufactures sur l'emplacement de ce dernier marché ;

Vu la lettre de M. le Ministre de l'Agriculture et du Commerce, relative au déplacement de l'École centrale, en date du 25 septembre 1876 ;

Vu le traité passé entre la Ville et la Compagnie des marchés du Temple et Saint-Honoré, en date du 20 janvier 1863, relatif à la concession du marché du Temple ;

Vu les plans et devis produits à l'appui du mémoire susvisé et relatifs à la construction de l'École centrale des Arts et Manufactures, à l'établissement d'un nouveau marché à comestibles sur partie de l'emplacement de celui du Temple, et à l'ouverture d'une rue nouvelle à travers l'hôtel de Marcilly, entre la rue Dupetit-Thouars et le carrefour des rues Charlot, Béranger et de Turenne ;

Vu la lettre de la Société Ferrère, relative à l'abandon par cette Société à la Ville de 326 boutiques dépendant du marché du Temple, moyennant une réduction de 25,000 fr. sur le montant du loyer payé par ladite Société ;

Vu l'offre de la Direction de l'École, de faire dans les nouveaux locaux, des cours et conférences du soir, publics et gratuits ;

Considérant que l'École centrale des Arts et Manufactures, tant par le nombre d'élèves parisiens qu'elle reçoit chaque année, que par les Ingénieurs qu'elle met à la disposition de l'industrie parisienne, présente un intérêt municipal manifeste ;

Considérant que la translation de l'École du local actuel, devenu insuffisant, dans un édifice plus complet et mieux approprié, est devenue urgente ;

Considérant que les bons résultats obtenus par l'École jusqu'à ce jour sont dus à l'organisation administrative et scolaire établi e par ses fondateurs, et qu'il importe de la conserver ;

Considérant que si l'autonomie financière de l'École est assurée par la loi du 19 juin 1857, il n'en est pas de même de son autonomie administrative, qui ne résulte que de l'arrêté ministériel du 24 mai 1862, portant règlement de l'École ; qu'il y a lieu, par conséquent, de donner une garantie de durée à ce règlement en le faisant entrer dans une convention nouvelle avec l'État ;

DÉLIBÈRE :

§ 1ᵉʳ. — *Déplacement de l'École centrale des Arts et Manufactures, et suppression du marché Saint-Martin.*

ARTICLE 1ᵉʳ. — Il y a lieu de supprimer le marché à comestibles, dit marché Saint-Martin.

ART. 2. — L'emplacement d'une superficie d'environ 6,300 m. sur lequel ledit marché Saint-Martin est élevé, sera cédé à l'État, pour y construire l'École centrale des Arts et Manufactures.

Cette cession aura lieu au prix de 400 fr. le mètre, soit au total environ 2,520,000 fr.

ART. 3. — Voulant participer au développement de l'École centrale, la Ville fait remise à l'État d'une somme de 1,020,000 fr. sur le prix du terrain, à lui cédé.

Cette remise de prix est subordonnée au maintien de l'autonomie financière, administrative et scolaire de l'École centrale, telle qu'elle résulte de la loi du 19 juin 1857 et de l'arrêté ministériel réglementaire du 24 mai 1862.

ART. 4. — Les frais d'acte et d'enregistrement du traité à intervenir entre la Ville et l'État, seront à la charge de ce dernier.

§ 2. — *Création d'un nouveau marché à comestibles sur partie de l'emplacement du marché du Temple, en remplacement du marché Saint-Martin.*

ART. 5. — Il y a lieu de traiter avec la Compagnie du marché du Temple (société Ferrère et Cie), pour la cession à la Ville par cette Compagnie, de 326 boutiques du marché du Temple, situées entre les rues Molay, de Picardie et Dupetit-Thouars, lesquelles seront transformées en places de marché à comestibles, afin de remplacer le marché Saint-Martin, et aménagées en vue de cette destination, conformément aux plans et devis annexés au mémoire susvisé.

ART. 6. — Pour indemniser la Compagnie du marché du Temple, de la cession de ces 326 boutiques, il sera consenti une diminution de 25,000 fr. sur le prix de son loyer, s'élevant actuellement à 200,000 fr. par an.

ART. 7. — M. le Préfet de la Seine est invité à faire les démarches nécessaires pour mettre à exécution la clause résolutoire en faveur de la Ville, contenue dans le traité susvisé du 20 janvier 1863, et à soumettre le plus tôt possible au Conseil un projet de traité, réalisant la rétrocession de tout le marché du Temple à la Ville, dans les termes de ladite clause, c'est-à-dire moyennant payement, jusqu'en 1915, d'une annuité calculée sur la moyenne du bénéfice net des trois années de jouissance, précédant le rachat. Les 25,000 fr. de réduction n'entreront pas dans le calcul des bénéfices.

§ 3. — *Ouverture d'une rue nouvelle entre la rue Dupetit-Thouars, et le carrefour des rues Béranger, Charlot et de Turenne, à travers les terrains de l'hôtel de Marcilly.*

Art. 8. — Il y a lieu de remplir les formalités nécessaires pour obtenir la déclaration d'utilité publique, préalable à l'ouverture d'une rue de 12 m. de largeur, sur l'emplacement de l'hôtel de Marcilly et des terrains en dépendant, entre la rue Dupetit-Thouars et le carrefour formé par les rues Charlot, de Turenne et Béranger, conformément au plan ci-dessus visé.

Art. 9. — Les deux lots qui resteront disponibles à droite et à gauche de la nouvelle rue, seront employés comme suit :

Le premier lot, de 1,487 m. environ de superficie, sera affecté à la construction d'un groupe scolaire laïque, en conservant, autant que possible pour les cours et préaux, les grands arbres du jardin de l'hôtel de Marcilly;

Le 2e lot, de 718 m. environ de superficie sera vendu aux enchères publiques.

§ 4. — *Vœu relatif aux écoles des rues du Vert-Bois et Montgolfier.*

Le Conseil émet le vœu, que les écoles des rues du Vert-Bois et Montgolfier soient améliorées, agrandies ou transférées sur un autre point du quartier des Arts et Métiers.

§ 5. — *Vœu relatif à la création de cours et conférences du soir, dans les locaux de la nouvelle École centrale.*

Le Conseil émet le vœu que des cours et conférences gratuits soient organisés le soir dans les locaux et laboratoires de l'École centrale, sans nuire toutefois en aucune façon aux études des élèves de l'École.

ANNEXE N° 1.

CONSIDÉRATIONS GÉNÉRALES SUR LE BUT DE L'ÉCOLE CENTRALE DES ARTS ET MANUFACTURES.

(Extrait du prospectus de 1829.)

Tous les hommes qui pensent aux grands intérêts du pays ne peuvent envisager sans quelque crainte l'avenir de l'industrie française. Depuis quelques années, la plupart des entreprises industrielles éprouvent des obstacles sérieux, et le public, qui en définitive les soutient seul, et peut seul les soutenir de ses capitaux, juge de leur marche d'après leurs résultats. Dès que ceux-ci sont momentanément improductifs, beaucoup d'hommes, trop peu éclairés sur la nature des spéculations industrielles, sans remonter à la cause de ces échecs, se hâtent d'enlever à l'industrie, même avec de grandes pertes, les capitaux qu'ils lui avaient confiés ; et, le plus souvent, ils les retirent ou les refusent au moment même où ils sont près de toucher au but qu'ils voulaient atteindre.

Persuadés que le hasard n'entre pour rien dans les événements qui ont influé sur la marche de l'industrie d'une manière si fâcheuse, les fondateurs de la nouvelle école ont voulu porter remède au mal, dans sa racine même.

Une comparaison attentive leur a prouvé que la supériorité industrielle de l'Angleterre était due à la division du travail et à la perfection spéciale de chaque élement industriel dans ce pays. Pour lutter avec lui, il faut donc avoir, comme lui, des ouvriers très exercés, des contre-maîtres instruits, des directeurs d'usines plus instruits encore, et des ingénieurs civils qui, se vouant à un genre spécial de construction industrielle, puissent approfondir toutes ses difficultés pratiques.

Ces ingénieurs libres, sans aucune dépendance du Gouvernement et spécialement adonnés à une ou plusieurs branches de l'industrie, sont, par rapport à chacune d'elles, ce qu'en France les architectes sont pour les constructions ; ils donnent des conseils et dirigent l'exécution de leurs plans. C'est aux ingénieurs civils que l'Angleterre doit presque toutes les découvertes et les perfectionnements qui se font dans l'industrie ; aussi cette carrière est-elle, en Angleterre, aussi honorée que lucrative.

En France, les ingénieurs civils sont encore peu nombreux ; on conçoit cependant de quelle importance seraient pour l'industrie des hommes d'une grande instruction théorique et pratique, exclusivement occupés d'un petit nombre d'industries, dont la fortune et la considération dépendraient uniquement de leurs travaux : leur importance serait d'autant plus grande, que les ingénieurs du Gouvernement deviendraient probablement ce qu'ils sont en Angleterre, des inspecteurs des travaux dirigés par les ingénieurs civils.

Mais si le besoin le plus pressant de la France, celui sur lequel l'attention publique est le plus dirigée maintenant, parait être la création des ingénieurs civils, il est néanmoins à craindre qu'une école qui leur serait exclusivement consacrée ne pût se soutenir sans le secours du Gouvernement, à raison des dépenses considérables qu'elle exige. Toutefois, la France sentira combien il lui importe de voir former des ingénieurs qui rendront possibles les améliorations réclamées dans beaucoup de services publics, des ingénieurs, dont les lumières épargneront aux industriels les fautes qui ont amené si souvent la ruine de leurs établissements et qui inspireront aux capitalistes la confiance nécessaire pour assurer leur persévérance.

Mais, nous devons le répéter, une école d'ingénieurs civils ne pourrait dans ce moment se soutenir par elle-même, et d'ailleurs l'instruction qu'elle est destinée à répandre, convient également à d'autres hommes que nous avons cru devoir appeler à en profiter.

Ce sont les directeurs d'usines et les capitalistes, ainsi que les jeunes gens qui se destinent à l'enseignement des sciences industrielles ; car, pour que l'industrie se développe en France, il faut que les études industrielles entrent dans nos mœurs, et qu'elles y entrent assez pour que chaque capitaliste puisse trouver, ou en lui-même ou autour de lui, des conseils utiles relativement à l'emploi de ses capitaux.

Le moment a paru favorable, car depuis quelques années on a généralement apprécié l'importance de l'étude des sciences, et si quelques doutes avaient pu s'élever encore sur les avantages de tout genre que le pays ou les individus peuvent retirer de cette étude, ils seraient levés par la haute réputation que s'est acquise l'Ecole Polytechnique, et par l'heureuse influence que ce bel établissement exerce sur les travaux publics. Ces doutes devraient cesser encore, même si on voulait mettre l'Ecole Polytechnique à part; car, alors, il suffirait d'examiner la direction actuelle des études parmi les nombreux jeunes gens qu'une paix longue et heureuse laisse libres dans leurs goûts et dans leurs projets d'avenir.

On peut donc regarder comme certain qu'il existe parmi les jeunes gens de notre époque une tendance remarquable vers les études scientifiques. Cette tendance s'explique par le besoin qu'ils en éprouvent dans l'intérêt de leurs occupations actuelles ou futures.

Mais dans l'étude des sciences, comme dans toute sorte d'études, il y a des distinctions à établir. Pour certains hommes, la recherche de la vérité est une passion vive à laquelle toute leur existence est consacrée, à laquelle tous leurs intérêts sont sacrifiés. Ces hommes peu nombreux étudient les sciences pour elle-mêmes ; ils aiment à en sonder la profondeur, à vaincre ou du moins à mesurer la difficulté ; et pour eux l'enseignement ne saurait être ni assez détaillé, ni assez abstrait. La masse des jeunes gens, au contraire, cherche dans l'étude des sciences un complément d'éducation, sans lequel on se trouve aujourd'hui déplacé dans la société. Elle veut, en conséquence, un enseignement rapide, clair et concis. Elle cherche des opinions toutes faites ; elle craint les difficultés, parce qu'elle n'a ni le temps, ni la volonté de les étudier et de les vaincre. Elle évite les détails, parce que son attention n'y est soutenue ni par son intérêt, ni par une disposition naturelle de l'esprit.

Entre ces deux classes si distinctes, s'en trouve une troisième, bien plus considérable que les deux premières, pour qui l'enseignement des sciences doit encore être modifié ; c'est la classe des hommes destinés par leur état à faire une application journalière des conceptions scientifiques.

Ceux-ci doivent être considérés comme n'ayant en vue que l'intérêt de leur position future. Les sciences sont pour eux des instruments qui doivent devenir d'une application facile et sûre. A leur égard, tout doit être subordonné dans l'enseignement scientifique au but qu'ils ont en vue ; les idées générales doivent se placer comme des faits dans leur esprit, sans entourage de théories incertaines ou de détails compliqués ; les phénomènes qui se rattachent aux applications doivent au contraire être étudiés avec profondeur sous le rapport théorique, avec détail sous le point de vue pratique.

De cette manière, tout en prenant une idée vraie et simple de l'ensemble, les élèves seront initiés aux chances de la pratique, aux accidents qu'elle entraine, et aux remèdes que l'expérience a fait connaitre, ou que la théorie indique contre une foule de difficultés minutieuses, mais néanmoins si importantes.

Il y a donc trois divisions bien distinctes pour l'enseignement. Il serait facile de faire voir comment tous les établissements viennent se placer dans l'une d'elles ; mais cette discussion générale serait ici déplacée et inutile. Nous voulons former une école d'application, par conséquent une école dirigée dans le sens de la troisième classe : c'est donc la seule qui doive fixer notre attention.

Nous allons montrer sous quels rapports la nouvelle école peut être utile au pays, et en même temps par quels motifs sa création nous a semblé nécessaire.

Les jeunes gens trouvent en France, à leur sortie des collèges, des écoles spéciales pour le droit, la médecine, la théologie, le génie civil, militaire et maritime, les beaux-arts et même le commerce. Mais ceux qui se destinent à l'industrie ne trouvent nulle part les éléments de l'instruction qui leur convient. En effet, les établissements d'enseignement industriel qui existent en France, sont : le Conservatoire des Arts et Métiers, les écoles de Châlons et d'Angers, et les écoles d'ouvriers, établies récemment par le Gouvernement dans un grand nombre de villes, à la demande de M. Dupin.

Les cours isolés du Conservatoire ne peuvent atteindre le but que nous nous sommes proposé en créant notre école. Il est évident, et personne ne le conteste aujourd'hui, que dans l'étude des sciences appliquées, les leçons orales ne suffisent pas ; elles doivent être accompagnées de fréquents examens, de nombreuses expériences et manipulations, de travaux graphiques, de solutions de problèmes, exécutés par les élèves, sous les yeux des professeurs ; et ces divers moyens d'instruction doivent être combinés entre eux de manière à former un système complet d'enseignement.

Les écoles de Châlons et d'Angers ne sont destinées qu'à quelques spécialités mécaniques.

Enfin, les cours publics de géométrie et de mécanique élémentaires, qui se sont heureusement multipliés dans ces derniers temps, sont principalement institués en faveur de la classe ouvrière. Il est donc permis d'avancer qu'il n'existe encore nulle part en France un enseignement complet des sciences industrielles ; mais il est juste de faire observer que cet enseignement ne pouvait être organisé que lorsque les industriels seraient convaincus qu'ils ont tous besoin des éléments bien coordonnés entre eux, de la géométrie, de la physique, de la mécanique, de la chimie, de l'art de bâtir, de la statistique, et même de l'histoire naturelle, ils doivent avoir cette conviction maintenant, car ils voient chaque jour que les produits et les découvertes d'une industrie particulière sont dus à des connaissances qui semblent lui être tout à fait étrangères.

L'École centrale des Arts et Manufactures est établie pour satisfaire à ce besoin, vivement senti par l'industrie française, d'un enseignement complet des sciences industrielles.

Cette institution a donc pour objet de propager la connaissance de la géométrie, de la physique, de la mécanique, de la chimie, de l'histoire naturelle et de la statistique, ces sciences étant considérées dans leurs applications aux arts industriels.

Son but spécial est de former des directeurs d'usines, des chefs de manufactures, des ingénieurs civils, des constructeurs, et en outre, de donner à tous ceux qui voudraient prendre part aux spéculations industrielles, l'instruction qui leur est nécessaire, soit pour en apprécier la valeur, soit pour en surveiller la marche.

Indépendamment du but spécial dont nous venons de parler, les jeunes gens, quelle que soit leur direction future, trouveront dans l'École une éducation positive, qui leur inspirera le goût du travail, parce qu'ils verront que le travail, guidé par la science, est fécond en résultats utiles. L'habitude d'appliquer leur esprit à suivre des raisonnements sévères, formera ou redressera leur jugement, tandis que de fréquents exercices d'invention viendront, à leur tour, développer leur imagination, en leur apprenant, toutefois, à n'en faire usage que dans les limites prescrites par les faits. Ainsi, l'instruction que les jeunes gens recevront à l'École centrale des Arts et Manufactures, offrira à ceux qui s'y distingueront une nouvelle carrière aussi honorable que lucrative.

A ceux qui doivent diriger des établissements, une instruction indispensable, et à tous un complément à l'éducation des colléges, en harmonie avec l'esprit de nos institutions, et dont on sentira de plus en plus l'importance, à mesure que l'industrie française prendra de nouveaux développements, et que son influence politique sera mieux appréciée.

Dans l'organisation de l'École centrale des Arts et Manufactures, on a pris pour modèle l'ancienne École Polytechnique, en adoptant, toutefois, les modifications commandées par la nature du but que l'on désire atteindre. Ainsi, l'on a écarté de l'enseignement tout ce qui concerne les théories mathématiques trop élevées, l'expérience ayant démontré que ces théories sont rarement utiles dans les applications, et que dans le cas contraire, le simple énoncé des résultats obtenus par une analyse transcendante peut suffire.

Dès lors, en supposant que la durée des études reste la même, les élèves pourront donner beaucoup plus de temps aux travaux graphiques, aux expériences et aux manipulations, et recevoir une instruction plus développée sur les diverses applications des sciences aux arts industriels.

Cette disposition permet en outre d'introduire une amélioration importante dans le système des études : c'est la création de nombreux concours.

Ceux-ci ont pour but d'exciter chez les élèves l'esprit d'invention, si nécessaire dans la pratique des arts, tout en le dirigeant vers un but utile, et en corrigeant soigneusement les écarts dangereux d'une imagination trop vive et trop mobile.

L'utilité de l'étude détaillée des applications et de ces concours est manifeste. Qui ne sait combien sont rapides les progrès que font faire à l'industrie l'introduction d'un procédé nouveau, le perfectionnement d'une ancienne machine? Qui ne sait combien il est nécessaire qu'un ingénieur industriel connaisse tous les procédés et toutes les machines employées dans les arts, et même tout ce qui a été tenté sans succès? Pour donner autant que possible aux élèves ces connaissances variées et si importantes, on leur fera exécuter à main levée, au moins quatre cents croquis, cotés, du format in-folio, représentant des machines, des appareils et des détails de tout genre, relevés avec soin d'après les usines en activité, ou des modèles de machines abandonnées, enfin des études de construction, etc. Ils acquerront ainsi la connaissance d'une foule de faits qui serviront de bases à leurs compositions d'invention. Ces bases étant données, il faut apprendre aux élèves à s'en servir ; car la science doit être pour un ingénieur industriel, un outil qu'il sache manier avec assez d'habileté, pour qu'il puisse lui demander et en obtenir, presque à chaque instant, des résultats nouveaux.

Pour apprendre aux élèves à se servir des théorèmes ou des faits qui leur auront été développés dans les leçons, ils auront, pendant la durée de chaque cours, à résoudre des problèmes, à faire des recherches expérimentales, à composer des projets d'après des programmes dont les difficultés iront graduellement en croissant.

Mais, outre la valeur absolue des procédés ou des appareils, il faut encore savoir apprécier leur valeur comparative, pour une application ou une localité donnée ; car un ingénieur industriel doit surtout chercher à monter son usine, à organiser sa manufacture, à diriger ses spéculations suivant les localités où il se trouve.

Les ressources changent d'un lieu à l'autre, à l'égard des matériaux de construction; l'économie fait donner la préférence à tel ou tel moteur, à tel ou tel combustible ; et, par suite, des modifications nécessaires doivent être apportées dans les dispositions de détail, pour donner à chacune d'elles la perfection relative dont elle est susceptible.

Pour apprendre aux élèves à étudier avec soin les divers éléments qui doivent entrer dans la création d'une industrie, à les comparer, à les combiner entre eux, de la manière la plus avantageuse, suivant les localités, on mettra au concours des projets complets d'usine, dans le courant et à la fin de la seconde année d'études.

Une médaille d'or sera décernée à chacun des trois meilleurs projets du dernier concours, et l'École les fera publier à ses frais.

Les fondateurs ont cherché à faciliter l'accès de l'École à toutes les classes de la société et en particulier aux jeunes gens qui voudraient se vouer à l'enseignement, par la création de 111 demi-bourses, par les appointements accordés aux chefs d'étude, et par les places temporaires de répétiteurs, données aux élèves qui se seront distingués dans leurs études.

Dans ce qui précède, l'on a montré la nécessité d'une École des Arts et Manufactures, et le but que l'on s'est proposé en la créant. Il reste maintenant à faire connaître plus précisément encore, dans quel esprit les fondateurs ont pensé que l'instruction devait être organisée.

Pour bien concevoir le sens dans lequel on a dirigé l'enseignement, il suffit de s'en représenter nettement l'objet. Dans l'intention des fondateurs, celui-ci consiste à faire exécuter par chaque élève une véritable encyclopédie des arts et manufactures. Au moyen des dessins et des expériences exécutés par l'élève, on espère qu'il s'appropriera tous les faits connus, qu'il les concevra et les combinera comme des idées qui lui seraient propres, et si, dans certains cas, les élèves n'avaient point saisi dans ce sens les résultats qui leur auraient été fournis, on espère, du moins, qu'au moyen des concours, ils apprendraient bientôt à manier dans leur pensée tous ces faits, toutes ces théories dont on leur offre ainsi l'occasion de faire emploi.

Fidèles au principe dont ils sont partis, les professeurs cherchent à conduire les élèves à découvrir eux-mêmes les idées qu'ils leur exposent, à prévoir les faits qu'ils leur décrivent, à deviner chaque phénomène nouveau par un retour sur l'ensemble des idées qu'ils ont déjà acquises.

Pour cela, il faut que dans l'enseignement, le professeur s'efface; qu'il respecte l'individualité des intelligences auxquelles il s'adresse, et qu'il borne son rôle à faciliter le travail de la pensée des élèves par des indications qui les mettent sur la voie. L'enseignement est conduit de telle sorte que le problème posé soit résolu par les élèves avant que le professeur en expose la solution, qui devient ainsi un jugement confirmatif ou désapprobateur que chaque auditeur applique à la conception qu'il s'était formée.

Ceci posé, il devient évident que tous nos cours n'en forment réellement qu'un, et qu'on essaierait vainement d'établir des limites arbitraires pour borner à tel ou tel point l'attention des élèves, pour circonscrire leur éducation dans des cadres plus ou moins convenables à leur direction respective. Pour nous, la science industrielle est une, et tout industriel doit la connaître en son entier, sous peine d'être inférieur au concurrent qui se présentera mieux armé que lui dans la lice. Pour nous encore, la science industrielle se compose d'éléments bien clairement déterminés, car il suffit d'établir que l'industrie s'exerce toujours sur des matières données, dans le but d'en augmenter la valeur, et en ayant égard à certaines conditions géographiques et sociales, pour indiquer avec précision quelles sont les sciences nécessaires à l'industriel.

La géométrie lui apprend le rapport des masses entre elles ; la physique lui enseigne à les mettre en mouvement ; la mécanique lui indique par quels procédés ces mouvements sont modifiés, diminués ou accrus ; la chimie, divisant ces masses en molécules, apprend à séparer les éléments qui les composent, à combiner ceux-ci sous une nouvelle forme et à prévoir tous ses effets, soit que l'art les détermine, soit que le hasard les amène.

Jusqu'ici nous supposons que les matières sont données ; mais s'il s'agit de les obtenir, le mineur et le naturaliste viennent enseigner comment on les extrait ou comment on les produit.

Toutes les opérations de l'industrie exigent en général des constructions spéciales que l'industriel a souvent besoin de diriger lui-même. C'est ce qu'il apprendra dans le cours de l'art de bâtir.

Enfin, pour arriver à l'application utile de toutes ces conceptions idéales, il faut encore faire la part des ressources du pays, et des conditions sociales actuelles ou futures, au milieu desquelles on est placé. C'est à remplir ce but que notre cours de statistique et d'économie industrielle est destiné. Ajoutons que si les idées que nous venons d'énoncer sont comprises dans le sens que nous y attachons, il doit être démontré que nos cours diffèrent de tous les cours analogues, et qu'ils ne peuvent leur ressembler, par cela même qu'ils se rattachent à une idée d'ensemble qui n'a peut-être jamais été mise en application dans l'enseignement des sciences. Nous devons

dire même, qu'en mettant de côté cette vue d'ensemble que nous
avons choisie, il serait encore nécessaire de considérer comme très-
différents les cours de sciences pures et ceux de sciences appliquées.

Toutes les branches de l'industrie, sans exception, se rattachent
à une ou plusieurs sciences exactes ou d'observation ; cependant,
les arts industriels ne sont pas de simples applications des sciences
théoriques; la Mécanique, la Physique, la Chimie et les Arts sont
des sciences à part, fondées, il est vrai, sur des sciences théoriques, mais qui ne leur empruntent que leur méthode d'investi-
gation et les principes généraux qu'elles possèdent, et qui, souvent
encore sont insuffisants.

Les recherches théoriques et industrielles diffèrent essentiellement et par leur nature et par leur but.

En effet, dans les sciences théoriques, on a principalement en vue
d'établir des lois générales; presque toujours on néglige les éléments
qui, dans les arts, sont d'une grande importance; souvent aussi,
pour simplifier les calculs, on fait des suppositions qui condui-
sent à des résultats différents de ceux de l'observation. Ainsi,
dans les recherches de laboratoire, on ne tient aucun compte,
ni du nombre des opérations, ni du temps employé, ni de la
quantité de combustible consommée, et cependant ces divers éléments sont très-importants dans les arts, puisqu'ils ont une
grande influence sur la dépense. Ainsi, plusieurs des lois sur
le mouvenent des fluides sont inexactes, parce que la théorie les
a fait reposer sur des hypothèses qui ne sont vraies que
dans certaines circonstances que la pratique ne présente jamais.

Ajoutons que les sciences théoriques ne sont composées que
de généralités trop incomplètes encore, pour que l'on puisse en
déduire des lois exactes de cette foule de phénomènes compliqués qui se rencontrent même dans les arts les plus simples.

Les observations précédentes suffisent sans doute pour faire concevoir ce que les fondateurs entendent par *sciences in-dustrielles*, et dès lors pour faire comprendre aussi que des cours de sciences exactes et d'observation auxquels on ajoute-rait la description des arts, ne pourraient constituer seuls un en-seignement profitable aux industriels.

Pour que l'enseignement donné dans une école d'industrie soit vraiment utile aux élèves, il faut nécessairement que les profes-seurs qui en sont chargés se soient longtemps occupés des théo-ries, qu'ils aient ensuite vécu dans les fabriques, ou pris part, comme ingénieurs, aux divers travaux des services publics, parce que c'est au milieu des ateliers, et là seulement, que l'on juge avec certitude de l'importance réelle des théories, de la manière d'en faire usage, et des limites au-delà desquelles leurs appli-cations utiles cessent.

Il faut nécessairement encore que tous les cours s'enchaînent les uns aux autres, que tous les travaux exécutés par les élèves soient dirigés vers un même but ; et, pour s'assurer que les élèves comprennent les leçons, pour aider leur intelligence, pour stimuler leur zèle et développer chez eux l'esprit d'observa-tion, il faut nécessairement enfin des examens journaliers, des problèmes à résoudre, des dessins à tracer, des projets à composer ; des expériences et des modifications à exécuter, et cela sous une surveillance de chaque instant.

L'on comprendra sans doute, d'après cet exposé des idées qui ont présidé à l'organisation de la nouvelle école d'industrie, qu'elle ne pouvait être créée par un seul homme. Il fallait, soit pour la concevoir, soit pour l'exécuter, que les fondateurs et les professeurs choisis dans l'âge de l'activité fussent en nombre suf-fisant pour embrasser le vaste champ de l'industrie, et que tous, bien pénétrés du but et de l'étendue de leurs travaux, voulussent se dévouer presqu'entièrement à une carrière qui n'est pas encore tracée.

Quand on pense à l'importance numérique de la classe industrielle, au rôle politique qu'elle joue dans nos nouvelles institutions et à sa participation au budget de l'État, on est étonné qu'elle n'ait point encore, en Europe, d'école spéciale pour elle. Mais l'étonnement doit cesser, dès qu'on examine de près ce que doit être une école d'industrie, et les difficultés que présente l'organisation d'un semblable établissement. D'après ce que nous venons de dire, ces difficultés doivent déjà sembler grandes ; mais elles le paraîtront bien davantage quand nous ajouterons que l'établissement ainsi formé serait incomplet, si l'éducation des élèves n'était poursuivie plus loin sous le rapport de la pratique en grand et de la pratique spéciale. Car, ces études communes peuvent suffire aux élèves qui se destinent à l'industrie comme capitalistes, à ceux qui doivent diriger des industries simples, et enfin à ceux qui n'ont suivi les cours de l'École que comme complément d'éducation ; mais ces études sont insuffisantes pour ceux qui veulent se livrer aux industries compliquées, ou qui se proposent de devenir constructeurs ou ingénieurs civils ; il faut à ces derniers un complément d'enseignement théorique, ou une instruction pratique plus approfondie dans la direction qu'ils doivent suivre.

Les fondateurs ont pensé qu'il était nécessaire d'attacher à l'École un enseignement spécial qui sera variable dans sa durée, en raison du but que les élèves se proposent. Cet enseignement prendra les élèves à leur sortie de l'École et les rendra propres à entrer immédiatement dans la pratique.

Voici les principales bases de son organisation :

A la fin de leurs deux années d'études, les élèves indiqueront la carrière à laquelle ils se destinent. On les divisera par groupes, et ces groupes seront placés sous la surveillance du professeur que leur direction concerne particulièrement. Celui-ci les fera travailler pendant un temps plus ou moins long, pour compléter leur éducation théorique, puis il les placera dans une usine pour qu'ils mettent la main à l'œuvre, qu'ils se façonnent à la pratique en grand, et qu'ils voient par eux-mêmes comment on administre une fabrique et comment on dirige les ouvriers.

Les élèves qui voudront se livrer à l'art de bâtir, et même à l'architecture proprement dite, seront dirigés vers toutes les études théoriques et pratiques qui leur seront nécessaires, tant sous le rapport de l'art que sous celui de la science; et l'on s'attachera à leur procurer les moyens de suivre l'exécution de différents travaux.

Ceux qui se destineraient à la carrière d'ingénieurs civils trouveront dans l'Ecole des cours spéciaux de mathématiques élevées, et recevront ainsi l'enseignement théorique complet de l'École Polytechnique.

Enfin, pour rendre à la fois plus complète et plus facile l'éducation des élèves qui se confieront à leurs soins, les fondateurs ont pensé qu'il était nécessaire de mettre à leur disposition les ouvrages dans lesquels se trouvent consignées toutes les découvertes qui intéressent les arts industriels.

Ces ouvrages seront déposés dans la bibliothèque de l'Ecole, et mis à la disposition des élèves de troisième année ; mais comme le plus souvent les découvertes relatives aux arts sont consignées dans des recueils périodiques publiés en langue étrangère, les fondateurs ont senti la nécessité d'en assurer la traduction.

A cet effet, ils ont pris le parti de publier un journal industriel qui renfermera toutes les recherches relatives aux arts qui font la base de l'enseignement de l'Ecole, soit que ces recherches aient été entreprises par les professeurs, soit qu'elles aient été publiées dans des ouvrages ou des journaux étrangers.

Le journal de l'Ecole fera connaître, en outre, tous les résultats remarquables de son enseignement, et offrira aux anciens élèves le moyen de communiquer au public le fruit de leurs recherches.

ANNEXE N° 2.

———

COMPARAISON, SOUS LE RAPPORT DE DIVERS SERVICES,

ÉCOLE ACTUELLE.

1. Une promotion au rez-de-chaussée (1re année).

   Une promotion au 2e étage (3e année); 73 marches.

   Une promotion au 3e étage du même bâtiment que la précédente (2e année); 96 marches.

2. Pour les promotions de 2e et 3e année, deux escaliers étroits de 0m,95 et très-mal éclairés, communs forcément aux deux promotions.

3. Dimensions des salles de dessin d'élèves, très-variables, de 8 à 34 élèves; hauteur insuffisante, la lumière ne pénètre pas dans le fond des salles. Nécessité générale du gaz pour l'éclairage. — En première année, la lumière vient du haut; très-mauvaise disposition.

4. Trois amphithéâtres très-incommodes (un pour 150 élèves, deux pour 250 élèves chaque). — Un amphithéâtre pour 240 élèves, type conservé pour ceux de l'École projetée. — Deux amphithéâtres sur quatre sont disposés pour les leçons de chimie, il en résulte pour les élèves des changements d'amphithéâtre suivant la nature des leçons, d'où conflit dans les corridors et dans les escaliers.

   Un seul laboratoire de préparation pour toutes les leçons de chimie. L'éloignement de ce laboratoire des amphithéâtres entraîne de grandes difficultés pour la préparation.

5. Cabinet de physique : surface 75mq, en deux parties.

6. Deux salles seulement de collections : ensemble 50mq.

7. Pas de salles de conférences.

8. Bibliothèque : 72mq de surface.

9. Portefeuille de dessins des élèves : 45mq de surface.

ENTRE L'ÉCOLE ACTUELLE ET L'ÉCOLE PROJETÉE.

ÉCOLE PROJETÉE.

1. Deux promotions au 1er étage (2e et 3e années) ; de 34 à 36 marches.
Une promotion au 2e étage (1re année) ; de 60 à 62 marches.

2. Escaliers à l'usage des élèves : Un escalier par promotion, dans une cage de 6 mètres × 5 mètres ; grande facilité de mouvement ; pas de conflit entre les élèves des diverses promotions. — Escaliers de service supplémentaires.

3. Salles de dessin des élèves. Toutes semblables, disposées pour 12 élèves ; bonne lumière pour tous, venant de gauche à droite ; hauteur de $4^m,00$, avec fenêtres de $2^m,30$ de haut sur toute la longueur de la salle.

4. Amphithéâtres : Quatre semblables, pouvant contenir chacun 240 élèves.
Tous les amphithéâtres sont disposés pour le service complet d'une promotion.
Un laboratoire de préparation de chimie est disposé près de chacun d'eux ; il en résulte une bonne séparation des services et une préparation des cours mieux assurée.

5. Cabinet de physique : $16^m,00 \times 7^m,70 = 123^{mq},20$.

6. Salles de collections pour les cours d'application : cinq salles, donnent ensemble 420^{mq}.

7. Salles de conférences : cinq salles de $7^m,70 \times 5^m,00 = 38^{mq}$ chacune.

8. Bibliothèque : 167^{mq} de surface.

9. Portefeuille de dessins des élèves : 104^{mq} de surface.

10. Salles d'examens : quinze salles, pas groupées, mal disposées, mal éclairées avec le gaz. — Pas de salles d'attente.

11. Pas de laboratoires d'applications. — Les manipulations se font dans le réfectoire.

12. Laboratoires de chimie pour les élèves, au rez-de-chaussée : En première année, une salle de 100^{mq} ; en deuxième et troisième années, cinq salles de laboratoires, plus des annexes séparées, réunissant ensemble une surface de 220^{mq}.

13. Surveillance des élèves : **six cabinets seulement.**

14. Pas de promenoir couvert.

15. Réfectoire à l'usage des élèves : 250 élèves peuvent tenir à peine dans le réfectoire actuel, dont la surface est de 231^{mq}.

16. Le service de l'administration de l'École et celui de la Direction des études sont à deux étages de distance.
Pas de parloir.

17. Pas de magasins bien éclairés. — On est obligé de les reléguer dans les caves.

10. Salles d'examens : vingt-six salles, bien groupées et séparées par promotion. Salles d'attente à proximité pour les examens après quatre heures.

11. Laboratoires d'applications : stéréotomie, physique industrielle, levés de machines. Trois laboratoires de $17^m,00 \times 4^m,70$ chacun.

12. Laboratoires de chimie pour les élèves : En première année, salle de $29^m,00$ sur $7^m,50 = 217^{mq},50$, en sous-sol relatif aux fenêtres sur rue et sur cour; ces fenêtres ont $2^m,60$ de large sur $1^m,50$ de haut. — En deuxième et troisième années : deux salles réunissant ensemble une surface de 516^{mq}, y compris les annexes pour magasins de produits, balances de précision, bains de sable, moufles, etc.; même disposition pour la lumière que le laboratoire de première année.

13. Surveillance des élèves : Neuf cabinets à l'usage des inspecteurs des élèves, des surveillants et des chefs de travaux graphiques. — Locaux plus nombreux, plus convenables et mieux disposés que dans l'École actuelle.

14. Galerie promenoir de $160^m,00$ de long sur $5^m,00$ de large, à l'usage des élèves en cas de mauvais temps.

15. Réfectoire à l'usage des élèves, pouvant contenir 600 places : surface totale, non compris les cuisines, 650^{mq}.

16. Services de l'Administration de l'École et de la Direction des études bien réunis. Vaste parloir à la disposition des élèves.

17. Vastes sous-sols de 400^{mq} de surface, pouvant servir de magasins pour la verrerie, les produits chimiques, etc. — Même lumière que dans les laboratoires.

18. Les 2e et 3e étages du grand bâtiment d'administration seront affectés à des appartements et à des logements pour plus du double des fonctionnaires et agents actuellement logés à l'École.

Typ. Ch. de Mourgues Frès.— 2430.

www.ingramcontent.com/pod-product-compliance
Lightning Source LLC
Chambersburg PA
CBHW060743280326
41934CB00010B/2339

9 7 8 2 0 1 9 6 0 4 8 3 7